AF245814

L41
L6
7474

Lb 41
1474

0,478.

LE CRI

DE LA NATURE

DE L'HUMANITÉ

ET DE LA JUSTICE,

OU

OBSERVATIONS raisonnées sur le projet de Décret proposé par le Citoyen ECHAS-SERIAUX, relatif aux Émigrés.

SE TROUVE

A Paris, au Bureau d'Agence Littéraire, rue Mont-Martre, n.° 11, près la rue du jour.

LE CRI
DE LA NATURE,
DE L'HUMANITÉ
ET DE LA JUSTICE,

OU

OBSERVATIONS *sur le projet de Loi, contre les pères et mères des Émigrés, renvoyé par deux Décrets de la Convention nationale des 6 et   Vendémiaire, pour faire un rapport et présenter un projet de Loi, sous les rapports politiques.*

LA seule bonne politique des Etats en *Législation*, est de faire des Lois telles qu'elles fassent aimer et chérir le gouvernement au dedans, et qui le fassent respecter au dehors.

A 2

Le but de la société est le bonheur commun ; le gouvernement est institué pour garantir à l'homme la jouissance de ses droits naturels et imprescriptibles. (Déclaration des droits, article Ier)

La société qui se dit le plus ferme appui *du gouvernement révolutionnaire,* a consacré cette maxime ; que *la déclaration des droits est indépendante de toute forme de gouvernement.* (Séance des Jacobins, du 15 vendémiaire).

Avoir *violé* la déclaration des droits, sous prétexte du gouvernement révolutionnaire, parut avec raison, à la Convention Nationale, un crime de quelques sociétés populaires : que serait-ce donc de les *violer* sous le même, ou sous tout autre prétexte ?

Le gouvernement révolutionnaire ne serait plus, alors, que la tyrannie organisée.

Pendant quelque tems, elle pourrait,

(5)

par la *terreur* et l'épouvante , contenir
le peuple dans la stupeur d'un si-
lence servile ; mais bientôt il s'apper-
cevrait que les individus , qu'il a in-
vesti de toute sa puissance , pour lui
garantir la jouissance de ses droits ,
ne s'en servent, que pour l'en dépouil-
ler ; il sentirait , qu'il en est un , que
la nature , sa constitution et sa force lui assurent , et qui lui garantit la
restitution de tous les autres : *la résis-
tance à l'oppression, l'insurrection le plus
sacré des droits , et le plus indispensable
des devoirs.* (Déclaration des droits ,
articles XXXIII et XXXV).

Il sentirait, que ce qu'il a pû contre
l'hydre de la tyrannie à une et à trois
têtes ; il le veut encore contre le même hydre à deux mille têtes.

*Il y a oppression contre le corps social, lors-
qu'un seul de ses membres est opprimé.* (Déclaration des droits, article XXXIV).

A 3

A plus forte raison lorsque l'oppression tombe sur une foule innombrable de membres du corps social, sous des dénominations arbitraires, fantastiques et purement imaginaires, qui ne peuvent pas longtems tromper le Peuple : il sentira, qu'on ne cherche à le diviser, que pour le tyranniser par fractions.

Tel serait le résultat du projet de loi *contre les pères et mères des émigrés* ; proposé par ECHASSERIAUX jeune.

La commission dont il est l'organe, était limitativement chargée de la *révision des Lois existantes contre les émigrés* ; c'est-à-dire, d'expliquer ce qu'elles avaient d'ambigû, d'en concilier les contradictions réelles ou apparentes, d'en retrancher les dispositions contraires *aux principes sacrés de la justice éternelle* ; d'en simplifier, d'en prescrire, d'en déterminer invariablement et clairement le mode d'exécution , etc. ; là se bornait son mandat et sa mission. Elle en a passé les bornes en proposant , contre les pères et mères d'émigrés , des dispositions qui , non-seulement ne se trouvent dans aucunes des Lois existantes , mais encore , qui choquent et renversent tous les principes reçus et consacrés par les lois existantes , qui toutes, dans l'excès même de leur sévérité , avaient paru respecter cette loi fondamentale, qui est la base et le principe nécessaire de toutes les lois : *la déclaration des droits de l'homme et du citoyen.* Droits sacrés que le rapporteur a méconnus.

§. PREMIER.

Tout homme est présumé innocent, jusqu'à ce qu'il ait été déclaré coupable. (Déclaration des droits , article XIII.)

Suivant les principes du droit naturel et positif, un homme ne peut-être

(8)

déclaré coupable que sur des preuves positives, précises, et plus claires que le
jour. Des présomptions ne suffiraient pas,
quelques fortes et en quelque nombre
qu'elles fussent; celles de son innocence
l'emporteraient sur toutes les autres.

D'où il suit, que ni le bas-âge des
enfans émigrés, ni leur co-habitation
avec leurs pères et mères, lors de l'émigration, ne suffisent pas, pour les faire
déclarer coupables de complicité de
l'émigration de leurs enfans, mineurs
ou majeurs : toutes les présomptions
pourraient, tout au plus, autoriser le
gouvernement à prendre contre eux les
voies rigoureuses de l'information, pour
acquérir la preuve de complicité ; mais
jusques-là, la Loi fondamentale de
l'Etat, puisée dans celle de la raison et
de la nature, les en présume innocens.

Au surplus, ces prétendues présom-
tions examinées dans le calme de cette

(9)

même raison , disparoissent , comme
des fantômes imaginés dans le délire
d'un patriotisme exagéré , ou hypocri-
tement affecté.

En effet , n'a-t-on pas vu , dans tous
les tems , avant comme depuis la révolution , des enfans d'un caractère in-
domptable , méconnoître , dès l'âge le
plus tendre , et braver même l'autorité
paternelle ; tromper sa vigilance et se
livrer à tous les écarts de l'indépendance ?

Ah ! si parmi les pères et mères des
émigrés , il s'en trouve quelques-uns
de coupables ; il en est cent fois plus
qui ne sont que malheureux , par la
fuite et l'émigration de leurs enfans ?

La présomption la plus raisonnable ,
est qu'aucun d'eux n'a voulu les vouer
à la misère et aux dangers inséparables
de l'expatriation et de l'émigration.

Il faudroit donc des preuves bien
claires , bien positives , fondées sur des

faits bien constans, sur des écrits bien authentiques, pour convaincre quelques-uns d'entr'eux, d'avoir, en même-tems, trahi, et la nature, et la patrie, en adhérant à l'émigration de leurs enfans; alors, mais alors seulement, toute la sévérité des lois doit péser sur leurs têtes criminelles.

Mais les mêmes principes sont-ils applicables aux pères et mères *nobles*, qui ont des enfans émigrés? Il devrait suffire de répondre, qu'il n'existe plus de nobles en France; mais puisque de nouveaux vampires les évoquent du tombeau de l'oubli, pour sucer le reste du sang, qu'ils croyent avoir laissés dans leurs veines: traitons la question, comme si la caste nobiliaire existait encore.

§ I I.

L A Loi est la même pour tous, soit qu'elle protége, soit qu'elle punisse. (Déclaration des droits, article IV).

Le Peuple Français, fut-il comm

autrefois, divisé en castes privilégiées et non privilégiées, en *nobles* et en *roturiers*; comme autrefois, toutes ces distinctions purement politiques disparaitraient devant la Loi, dont les principes sont éternels, immuables et indépendans de toutes variations dans la nature et les formes du gouvernement. Elle ne verrait que des *Citoyens Français* fidèles, ou réfractaires aux réglemens adoptés pour le bonheur de tous, et qui sont *l'expression libre et solemnelle de la volonté générale*. (Déclaration des droits article IV) *Nobles*, ou *roturiers*, ils seraient protégés ou punis par le même glaive, selon qu'ils seraient innocens ou coupables; elle aurait pour tous, un seul poids, une seule mesure; soit pour parvenir à la preuve du même délit, soit pour l'application de la peine quelle aurait déterminée.

Ces principes de justice doivent à plus forte raison être respectés et scru-

(12)

puleusement observés en France, depuis que le nouveau gouvernement a
aboli toutes les distinctions, toutes les
prérogatives, et réduit tous les Citoyens
Français à l'*Égalité*, qu'il a garantie
à tous, comme l'un des droits les plus
précieux de l'homme. (*Déclaration des
droits, article II.*).

Pourquoi voudrait-on en priver une
nombreuse portion d'individus qui l'ont
acquis par la perte de tant d'autres réels
ou imaginaires, qu'une longue posses-
sion, et la Loi qui gouvernait la France,
avant la révolution, leur faisait regarder
comme légitimes et inaliénables, et que
les préjugés de la naissance et de l'éducation leur représentaient comme la plus
précieuse portion de leurs héritages et
de leur existence politique ?

C'est, nous dira-t-on, la perte de ces
distinctions, de ces prérogatives odieu-
ses, qui doivent faire réputer les nobles

coupables ou complices de toutes les intrigues, de toutes les manœuvres, de toutes les factions qui tendent à les leur faire recouvrer, en renversant le gouvernement qui les en a dépouillé. Leur seule qualité de nobles est une preuve suffisante de leur connivence, de leurs complicité avec leurs enfans émigrés.

Qu'ils sont *jeunes*, qu'ils sont *louches* en législation, ceux qui *bourdonnent* cette logique tyrannique ! Certes, il est bien généreux, et bien vrai le civisme de ces individus, qui sont les fidèles, les exacts observateurs des lois et des principes d'un gouvernement qui leur a couté tant de sacrifices, et qui exige, à chaque instant, celui de leurs opinions particulières et de leurs préjugés !

Serait-il donc juste de les priver des droits naturels et inaliénables, que la

Loi garantit indistinctement à tous les Citoyens Français, surtout du plus précieux de tous les droits, qui est celui *d'être présumés innocens, jusqu'à ce qu'ils soient déclarés coupables*, et de ne pouvoir être déclarés coupables, ainsi que les autres Citoyens, que d'après des preuves claires et certaines, et non sur des présomptions vagues et purement arbitraires, qui, jamais et dans aucun cas, ne doivent balancer la présomption de l'innocence !

Les suspectez-vous d'intrigues, de manœuvres, de conspirations ? Eh bien ! surveillez les comme vous surveillez tous les autres Citoyens ; avec plus de soin et plus de vigilance, si vous le voulez. Si vous parvenez à acquérir des preuves de conviction, punissez les des peines déterminées par la Loi, contre les conspirateurs en général.

Mais leur qualité de ci-devant nobles ne sero:t pas suffisante pour les convaincre et les faire punir d'avoir trempé dans une conspiration quelconque : elle ne suffit pas non plus pour les convaincre d'avoir été les complices de l'émigration de leurs enfans. Elle doit-être prouvée comme tout autre délit, (quelque soit la ci-devant qualité de l'accusé, par des faits, des actes, des écrits claires, (précis et qui ne laissent aucun doute sur cette complicité dont *La Loi les présume innocens*, jusqu'à ce qu'ils en soient convaincus; et cela quelques pussent être d'ailleurs *leurs principes et leur conduite politique*, que le rapporteur de la commission propose d'adopter pour règle unique de leur conviction et de leur condamnation.

Système atroce, oppressif, et tyrannique, *concerté* avec les Triumvirs, et leurs exécrables complices, membres de l'ancien Comité de Salut public.

(*ECHASSERIAUX l'avoue dans son rapport, page 25.*), mais que désavouent l'humanité et la justice.

 „ *L'impossibilité* ,(dit le Rapporteur
 „ de la Commission,) *de préciser les*
 „ détails du mode, d'après lequel les
 „ pères, et mères *doivent se justifier* ,
 „ laisse nécessairement beaucoup *à la*
 „ *conscience* des personnes qui ont à
 „ décider s'ils sont innocens ou cou-
 „ pables, „

Justifiez vos soupçons, pour les mettre dans la nécessité de *justifier* leur innocence : la justification, vient toujours après, et ne précéda jamais. Jamais même elle ne concourut avec la conviction, jusqu'à ce qu'elle soit pleine et entière. La justification de l'accusé est dans la présomption de son innocence puisée dans la justice naturelle et consacrée par la Loi.

Si vous parvenez à prouver qu'ils
sont

sont coupables ou complices de l'émigration de leurs enfans; c'est alors
qu'ils seront en droit, et dans la nécessité de se *justifier*, et de détruire
vos preuves, par celles de leur inno-
-cence, qui, jusques là, est reconnue
et garantie par la Loi, à un tel point
qu'elle leur interdit tout autre moyen
de justification.

D'après cela le Rapporteur de la
Commission ne devait pas s'occuper *de
préciser les détails du mode, d'après lequel
les pères et mères doivent se justifier*.

Il devait uniquement s'occuper du
mode d'après lequel il doit être déc-
dé s'ils sont *innocens ou coupables* de l'é-
migration de leurs enfans, et préciser
ce mode de manière qu'il ne laissât
rien, l'on ne dit pas comme lui *à la
conscience*, mais *à l'arbitraire*, à la ven-
geance, aux passions personnelles, ou
inspirées des personnes *qui ont à décider*
cette question importante, au repos, à

'honneur, à l'existence politique, à la fortune entière de plus de cinquante mille familles. Même dans le systême atroce qu'on vient de combattre par les seules armes prises dans la déclaration des droits de l'homme et du Citoyen, de prendre pour règle de cette décision, *le civisme ou l'incivisme* des pères et mères d'émigrés, il fallait du moins déterminer d'une manière bien claire et bien précise, quels actes de civisme suffiraient pour les faire déclarer innocens, et de quels actes d'incivisme il faudrait *les convaincre*, pour les faire regarder et punir, comme complices de leurs enfans émigrés.

L'impossibilité de les préciser franchement reconnue par la Commission chargée de la rédaction de la Loi, ne sera-t-elle pas la même pour *la commission du personnel des émigrés* qui doit être chargée d'en faire l'application définitive ?

Mais l'impossibilité prétendue n'est

rien moins que réelle. Cambacérès
dans l'adresse aux Français, d'une
main dirigée par la vérité et la justice
vient de tracer dans deux phrases, les
caractères opposés des vrais et des
faux-patriotes.

,, Français, dit-il, jugez ceux qui
,, parlent sans cesse de sang et d'écha-
,, fauds; ces *Patriotes exclusifs*, ces hom-
,, mes outrés; ces hommes enrichis par
,, la révolution. ,, Il eût fini le tableau
s'il eut ajouté : ,, ces hommes qui ne
,, prônent *la liberté*, que pour asservir
,, le peuple, sous leur tyrannique do-
,, mination, *l'égalité* que pour accaparer
,, toutes les places dans les administra-
,, tions et dans les tribunaux. ,,

Quel seroit le sort des malheureux
pères et mères d'émigrés, si de tels
hommes en étaient les arbitres sou-
verains ?

Se décideraient-ils en leur faveur,
quand ils réuniraient tous les divers ca-

ractèresdu vrai patriote, que *Cambacerès*, au nom de la Convention, propose à l'admiration et à l'imitation des Français en ces termes.

„ Estimez les hommes laborieux et „ modestes, les hommes bons et purs, „ qui fuient les places, et qui pratiquent „ sans ostentation *les vertus républicaines.* „

Eh bien ! le croira-t-on, le vrai patriote de la Convention est presque trait pour trait dans les mêmes termes, *le faux, le mauvais patriote* que Roberspierre, dans un discours qu'il prononça aux Jacobins, dans le mois de Février dernier (*vieux style*), proposait à l'exécration publique ; il y ajoutait même ce trait qui ne dépare pas le tableau,

„ Ces hommes enfin qui tendent in- „ solemment une main sécourable au „ patriote indigent. „

Quelle justice peuvent-ils attendre de la part de ces patriotes *à la Robers-*

pierre, de ces patriotes *exclusifs*, de ces hommes de sang qui remplissent toutes les places administratives et judiciaires? car le vrai patriote *les fuit*, et elles ne vont point au devant de lui. Leur sentence est prononcée d'avance ; ils s'enrichiront de leurs dépouilles, sous prétexte d'en enrichir la République ; ils leur enleveront, sans pudeur et sans miséricorde , *toutes leurs propriétés* , au nom de la République, qui les a solemnellement garanties à tous les Français : (elles sont l'un de leurs droits naturels , sacrés et inaliénables ;) ils les proscriront sous l'atroce prétexte d'incivisme ; mais par le motif réel qu'ils sont , ou qu'ils peuvent devenir, par *leurs vertus et leurs talens* , leurs rivaux dangereux , et mettre obstacle à leurs projets insensés et criminels de fortune , d'aggrandissement , et de domination.

Et voilà le résultat d'un systême monstrueux, qui métamorphose en preuves

des soupçons imaginaires et machiavé-
liquement controuvés, des présomptions méchament créées, et qui n'ont pour
fondement que des prérogatives de naissance abolies et oubliées, présomptions
d'ailleurs invraisemblables, et contraires aux sentimens de la nature et de l'a-
mour paternel qui triomphèrent toujours, et des préjugés de naissance et
d'éducation, et de la fausse gloire, et
de l'ambition ; d'un systême qui, sous
prétexte de *l'impossibilité de préciser les
détails du mode*, d'opérer la conviction
et le jugement, en laisse le soin à des
juges, pour le moins suspects, preve-
nus et ennemis naturels par opinion,
ou par préjugé, par intérêt, et par
ambition des déplorables victimes cruel-
lement livrées à leur décision ; d'un
systême enfin qui imagine une complicité qui n'exista jamais, pour l'ériger
en délit, contre tous les principes du
droit naturel et positif. Mais voyons

(23)

si l'émigration elle-même fut toujours
un délit.

§ I I I.

,, La Constitution française garantit
,, à tout homme *comme droit naturel et*
,, *civil* ..... la Liberté d'aller , de res-
,, ter, de revenir. ,, (*Constitution fran-*
çaise : 1791 , titre I.er art. III.)

Cette Liberté existait avant la révolution , puisqu'il est reconnu qu'elle
tire son origine du droit naturel.

Le libre exercice de ce droit naturel ne fut suspendu , pour la première
fois , que par la Loi du 6 août 1791 ,
promulguée seulement, dans le cou-
rant du mois de Novembre (même
année ,) avec la proclamation du 14
Octobre qui , même en le suspendant
momentanément, *à raison des circonstan-*
ces reconnait de nouveau son existence.

Aussi la Loi du 6 Août n'enjoint-
elle pas impérieusement aux Français
sortis de leur Patrie, d'y rentrer ; elle

se borne à les y inviter ; elle ne de-
fend pas *absolument* aux autres d'en sortir : elle les assujetit simplement à des
formalités , pour constater les motifs
de leur sortie.

Ceux des Français qui , pendant la
première époque de la révolution, c'est-
à-dire, depuis le 1.ᵉʳ juillet 1789, jusqu'au mois de novembre 1791 , sont
sortis du Royaume , n'ont fait qu'user
du droit naturel reconnu et garanti par
la Loi fondamentale , qui régissait
alors la France ; ils ne se sont donc ren-
dus coupables d'aucune espèce de délit ;
et par une conséquence ultérieure , leurs
pères et mères qui auraient adhéré et
consenti à leur émigration, qui même
l'auraient conseillée et favorisée , ne
sauraient être plus coupables qu'eux
à raison de cette adhésion , de ce con-
sentement , de ce concours que l'on
qualifie très-improprement de complicité.

D'ailleurs , les pères et mères ne pouvaient pas empêcher leurs enfans , de quelque âge qu'ils fussent , d'user de ce droit , de cette liberté. *Tout ce qui n'est pas défendu par la Loi , ne peut être empêché.* (Déclaration des droits de 1791 , article V.) C'eut été , de leur part , opposer à l'autorité publique et suprême de la Loi , leur autorité privée et personelle toujours subordonnée à celle de la Loi.

Il eût donc fallu , même en adoptant le systême atroce de la Commission , excepter de ces dispositions rigoureuses , les pères et mères des enfans émigrés , depuis le 1.ᵉʳ Juillet 1789 , jusqu'au moment où l'émigration fût déclarée un crime , c'est-à-dire jusques à la Loi du 28 Mars 1793 , qui est la première qui les déclara criminels , par cela seul qu'elle leur suppose *des projets hostiles* pour objet. (Loi du 28 Mars 1793 , sect. IX. art. LIV.)

,, Mais point d'exception : ils sont
,, tous réputés coupables aux yeux *du*
,, *Gouvernement Révolutionnaire.* La mar-
,, che doit être rapide ; elle serait em-
,, barassée et même paralysée , à chaque
,, pas , si , comme le Gouvernement
,, ordinaire , il s'assujétissait aux for-
,, mes sages , si l'on veut , mais trop
,, lentes de la justice pour discerner
,, les innocens et les coupables. Il faut
,, frapper indistinctement tous les pères
,, et mères d'émigrés , quelque soit l'é-
,, poque de l'émigration, c'est le seul
,, moyen qu'aucun coupable n'obtienne
,, l'impunité. Les pères et les mères
,, jadis nobles avaient trop d'intérêt
,, à l'émigration de leurs enfans pour
,, qu'on ne doive pas les regarder
,, comme convaincus de l'avoir auto-
,, risée. ,,

,, Les pères *roturiers* sont d'autant
,, plus coupables , qu'ils n'avaient au-
,, cun intérêt , dans l'objet criminel de
,, l'émigration de leurs enfans. ,,

Telles et plus exécrables encore sont les maximes par lesquels ont profané la sainteté de la tribune nationale, de cannibales continuateurs de Robespierre, de dignes héritiers de son génie malfaisant. (*Séance du sextidi* 16 *Vendémiaire.*)

La Convention nationale les a soumises à l'examen et à la censure du comité de législation. Elles ne sauraient soutenir cette épreuve ; elles rentreront dans le néant d'où jamais elles n'auraient dû sortir.

D'un côté, les premières émigrations n'étaient que l'exercice d'un droit naturel et civil garanti par la Loi. Elles étaient la plupart commandées par les circonstances comme la seule mesure de salut ; comment oserait-on les convertir en crimes ?

Étaient-ils bien blamables et bien criminels les motifs des premières émigrations qui eurent lieu dans cette première époque de la révolution ?

Jettons un coup d'œil impartial sur ce qui se passait sur tous les points du territoire Français.

Je vois par-tout des hordes innombrables et dégoutantes de brigands, férocement armés de toutes sortes d'instrumens meurtrieres, parcourant les campagnes et les hameaux, les villages, les cités, le fer et la flamme à la main, semant partout l'épouvante, le ravage, l'incendie et la mort ; dévastant les campagnes, brulant les vignes, les vergers et les forêts ; emportant des récoltes entassées dans les granges, ou dans des greniers ; livrant aux flammes ce qu'ils ne peuvent pas en emporter ; assiégeant, saccageant, détruisant les habitations ; jettant, brisant, brulant les meubles ; assassinant, poignardant, égorgeant les malheureux propriétaires de tous les ordres, de toutes les castes, de

toutes les classes, de toutes *les opinions* indistinctement; poursuivant de retraite en
retraite ceux qui, par la fuite, avaient
eu le bonheur d'échapper aux pre-
miers efforts de leur rage.

je vois partout des autorités Cons-
tituées sourdes aux réclamations des
tristes victimes de ces désastres ; les
contemplant d'un œil tranquille, ou
n'y opposant qu'une hypocrite com-
passion ; appellant la force armée,
mais la paralysant, en lui refusant la
Réquisition d'arrêter activement les
progrès des désordres.

J'ai vu des Commissaires envoyés sur
les lieux par l'Assemblée Consituante,
écouter froidement les détails déplorables de toutes ces horreurs, et les
accueillir par un rire brutalement sar-
donique.

J'ai vu l'Assemblée Constituante, en
écouter de sang-froid, le déchirant
rapport.

J'ai entendu l'un de ses membres les plus marquans, l'un de ses principaux meneurs, (car elle avait aussi Robespierre l'Assemblée constituante, elle avait d'autres meneurs, qui, à sa scélératesse, joignaient et plus de talens, et surtout plus de hardiesse.)

J'ai entendu l'un d'eux répondre à ce rapport, avec la plus brutale et la plus farouche ironie.

,, Tous ces maux sont la suite né-
,, cessaire de la grande commotion qui
,, doit sauver la chose publique. *Ce*
,, *sont les pustules de la révolution.* ,,

Un autre avec moins de pudeur :
,, Ce sang qui coule, est-il donc si
,, pur qu'on n'en puisse verser, et qu'on
,, doive le regretter. ,,

Un troisième enfin, ,, le Peuple se
,, fait justice, etc. ,, bornons là le tableau hideux de l'enfance de notre révolution.

En fallait-il tant, pour autoriser la

fuite des malheureux échappés à la
rage des cannibales ? en fallait-il tant
pour autoriser les déplorables auteurs
de leurs jours à leur dire : „ fuyez
„ dans des régions étrangères , cher-
„ chez-y avec la sureté de votre vie que
„ nous chérissons mille fois plus que
„ la notre , les moyens de subsistance
„ que nous ne pouvons plus vous don-
„ ner : fuyez la terre qui vous a vu
„ naître , et qui de toutes parts , vous
„ présente , et les images , et les dan-
„ gers de la mort , c'en est trop de tant
„ de malheurs qui nous accablent ,
„ que nous n'ayons pas le malheur plus
„ déchirant encore de vous voir égor-
„ ger dans nos bras , fuyez . . . . . „

Honte et malheur aux ames Cannibales , qui voudraient convertir en crimes , ces conseils inspirés par la nature
et par l'humanité !

Dira-t-on que les émigrés , innocens
dans l'origine , étant devenus coupa-

bles par leur obstination à ne pas rentrer en France, sur les tendres invitations que le Gouvernement leur a faites, par les Lois des 6 Août 1791, 9 Février et 8 Avril 1792, leurs pères et mères le sont devenus de même?

Cette décision barbare ne se trouve dans aucune Loi; toutes renferment les principes de la décision contraire.

En effet, pour pouvoir rendre les pères et mères responsables de l'obstination de leurs enfans, il faudrait que la Loi les eût chargé de joindre leurs invitations aux siennes; qu'elle leur eût donné le pouvoir, et fourni les moyens de vaincre leur obstination; loin delà, les pères et mères ont été dépouillés de toute puissance, de toute autorité sur leurs enfans majeurs, et d'un autre côté, au lieu de les inviter à joindre leurs tendres sollicitations à celles de la Patrie, elle leur a interdit toute communication, toute correspondance

dance avec eux , qu'ils fussent Majeurs
ou Mineurs ; et cela *sous peine de la vie.*
Alternative affreuse autant qu'elle est
cruelle ! Abandonner ses enfans ! Les laisser mourir de besoins , de misère , ou
périr soi-même sur un échaffaud ! Il
faut être père pour sentir l'horreur de
cette position. Eh ! combien de ces
malheureux pères ont péri , uniquement
pour n'avoir pu résister au cri de la
nature et de l'amour paternel !

Comment donc peut-on proposer
de punir ceux qui , même par un effort
pénible et qui doit être regardé comme
l'héroïsme des vertus républicaines ,
sont parvenus à étouffer ce cri touchant
et sublime !

Savaient-ils , d'ailleurs ces pères infortunés , ces mères éplorées , savaient-
ils quelle partie du globe avait donné
asyle à leurs malheureux enfans ? et
l'obstination de ceux-ci , en la suppo-
sant blamable et criminelle , aurait-elle

C

(34)

cédé aux tendres sollicitations de l'autorité paternelle, toujours prête à pardonner, à se laisser désarmer, dès qu'elle résistait à l'autorité impérieuse de la Loi toujours sévère, et toujours inflexible ?

Peut-on douter, d'ailleurs, qu'en détruisant l'autorité civile et légale des pères et mères, on a certainement affaibli et peut - être anéanti leur autorité naturelle. Mais n'avaient-ils rien à craindre ces pères et mères infortunés, pour leurs enfans plus malheureux encore, et qui n'avaient fui leur Patrie que pour fuir la mort ?

On va nous répondre, nous nous y attendons, par le texte séduisant de l'art. II de la Loi du 6 Août 1791. Avec cette Loi, on nous dira : ,, les ,, émigrés qui rentreront en France, ,, seront mis sous la protection et sous ,, *la sauve-garde spéciale de la Loi ;* en

„ conséquence les Corps Administratifs
„ et les Municipalités seront tenus sous
„ leur responsabilité de veiller à leur
„ sûreté, et de les en faire jouir. „

La réponse est dans le tableau fidèle
qu'on vient de tracer, de ce qui se
passait en France à l'époque même de
la promulgation de cette Loi.

Dequoi servît la sauve-garde spéciale
de la Loi à tant de déplorables victimes de la rage populaire, qu'on
n'avait, ni la force, ni peut-être la volonté sincère d'arrêter et de contenir?

Plusieurs des officiers municipaux
qui en ont eu le courage, n'ont-ils
pas barbarement péri sur l'échafaud,
sous le régime atroce et tyrannique
de Robespierre et de ses complices?

Tout ce qui s'est passé sous ce régime d'éxécrable mémoire, *les fusillades,
les noyades, les mariages républicains de
Nantes ; les mitrailles de Lyon ; les égor-
gemens ; les massacres des vieillards, des*

femmes, des enfants de Vaucluse et de Carpentras, etc . . . . Les cent mille et une bastilles où l'on a entassé la plus saine et la plus vertueuse partie de la nation Française ; les horreurs de tous genres qu'on leur y a fait souffrir ; les septembrisations de Paris et de Versailles ; les boucheries tyranniquement légales des places de la révolution et de la barrière du trône ; celles qu'on a commises dans tous les Chefs-lieux de Départemens au nom sacré et par la profanation la plus criminelle de la Loi ; cette sourde inquisition, ces dénonciations clandestines et fausses, ces persécutions ouvertes contre tous les bons citoyens : tous les moyens épouvantables de terreur mis en usage sous mille formes diverses pour les torturer, les opprimer, les tyranniser. Tout cela, disons nous, ne peut-il pas légitimer le refus des émigrés de rentrer dans leur pays, qui n'offrait

plus à leurs regards que la perspec-
tive d'un vaste cachot , d'un échafaud
qui , en plusieurs parties couvrait toute
la surface de la France , d'un immense
cimetière , où ils n'auraient trouvé que
les cadavres tronqués de leurs pères ,
de leurs mères , de leurs femmes , de
leurs enfans , de tout enfin ce qui pouvait jadis les attacher a leur malheu-
reuse patrie , convertie en une terre
de sang et de carnage ?

Ceux de leurs infortunés pères et
mères qui ont survécu , qui ont échappé
a tant d'horreurs , seraient-ils blamables de n'avoir pas voulu , quand ils
l'auraient pu , y attirer par leurs invitations barbares, les gages chéris de
leur tendresse ? Il n'y a que des tyrans
qui puissent proposer de les en punir.

§ I V.

Résumé et Conclusion.

Échasseriaux propose à la Convention
Nationale de marquer du sceau de la

proscription, tous les pères et mères d'émigrés ; d'imprimer sur leur front *que le crime ne flétrit jamais*, le cachet de l'ignominie, car l'ignominie est la compagne inséparable de la confiscation des biens, et cette confiscation des biens n'est-elle pas une proscription atroce?

Que n'a-t'il franchement proposé de les frapper de la peine de mort naturelle! Oui, de mort naturelle! Eh! quel est le vrai Citoyen Français, (si l'on en excepte les patriotes par excellence, pour qui l'honneur n'est rien, pourvu qu'ils profitent exclusivement des avantages de la révolution,) quel est, disons nous, le vrai Citoyen Français, qui ne préférât une mort naturelle et prompte, et qui est le terme du malheur, ainsi que de la vie, aux opprobres, aux angoisses, aux tourmens, aux longues tortures de la mort civile, qui est l'agonie douloureuse d'une mort misérable et affreuse?

Barbares suppots d'un système de sang, vous ne proposez pas d'assasiner, de mettre à mort ces victimes choisies, ces pères et mères d'émigrés ; votre scélératesse rafinée autant qu'homicide trouverait leur mort, et trop douce et trop prompte. Vous leur faites grace de la vie, comme on la faisait autrefois à ces scélérats qu'on attachait sur une croix, à qui l'on brisait les membres, et qu'on laissait ensuite expirer sur la roue.

,, Les biens des pères et mères des
,, émigrés qui .... sont *censés* avoir ad-
,, héré à l'émigration de leurs enfans,
,, seront acquis et confisqués au profit
,, de la République. ,,

Dans sa courte et briéve contexture, cette disposition renferme la plus insolente et la plus scandaleuse violation de tous les principes d'humanité et de justice naturelle ; le mépris le moins déguisé, le plus ouvert, le plus absolu,

le plus complet des droits sacrés et inaliénables de l'homme et du Citoyen
nominativement garantis par la Constitution que les Français n'ont collecti-
vement et individuellement acceptée
que sous la condition expresse de cette
garantie. Et l'on propose effrontément
à la Convention nationale de sanctionner, de convertir en Loi cet attentat
sacrilège aux principes sacrés de la
nature et de la justice éternelle, dont
toutes les lois positives ne sont, ou ne
doivent être que le dévelopement et
l'application : principes sacrés que les
Législateurs doivent considérer, respecter et faire respecter comme le gage
de la liberté et de la félicité générale
et individuelle du Peuple, et l'unique
sauve-garde de la stabilité du genre
de gouvernement qu'il lui a plu de
choisir ou d'adopter !

1.° Il est de principe que *tout homme
a le droit d'aller, de venir, de partir, etc.*

Que ce qui n'est pas défendu par la Loi, ne peut être empêché . . . Que nul n'est responsable des actions auxquelles il n'avait le droit, ni le pouvoir de s'opposer.

La Convention a reconnu ces principes, et promis de ne jamais s'en écarter ; et l'on veut, qu'elle décrète que les pères et mères sans nulle distinction, sont coupables et doivent être punis, non-seulement pour avoir consenti positivement, ou favorisé d'une manière active dans la personne de leurs enfans, l'exercice du droit de sortir de la France, même sans passeport, reconnu, garanti par la Loi ; mais encore de ne s'y être pas opposé, de ne l'avoir pas empêché, quoiqu'ils n'en eussent ni le droit, de quelque âge que fussent leurs enfants, ni la puissance, à l'égard de ceux qui étaient majeurs de 21 ans : la Loi les ayant affranchis de l'autorité paternelle! 2.º Il est de principe que *tout homme est pré-*

sumé innocent jusqu'à ce qu'il ait été dé-
clarécoupable , et que le soupçon ni des
présomptions ne suffisent pas pour le faire
déclarer coupable ; qu'il faut des faits prou-
vés , des pièces de conviction , des dépositions de témoins. Ces principes ont été
formellement reconnus et garantis par
la Convention Nationale ; elle vient de
les consacrer de nouveau dans sa séance
du septidi 27 vendémiaire , en cassant
un jugement par le seul motif qu'un jugement ne peut être rendu sur un soupçon , mais sur des faits , des pièces ou des
dépositions. Et l'on veut qu'elle décrète
que le simple soupçon résultant de la
seule qualité de père et de mère suffit,
sans faits , sans pièces ,.sans dépositions
pour les faire punir comme complices
de l'émigration de leurs enfans!

Osselin , cet autre suppot du système
barbare que nous combattons, et dont
il fut lui-même,lacoupable victime, n'eût
pas assez d'intrépidité pour le lui propo-

ser. Il reconnut dans la rédaction de la Loi du 28 mars 1793, section IX, article LIV, qu'il fallait des faits, et des faits graves, pour convaincre les pères et mères, comme tous autres individus, de complicité avec leurs enfans émigrés; voici le texte de cet article:

» Tous ceux qui seront convaincus
» d'avoir depuis le 9 mai 1792, favo-
» risé des *projets hostiles* des émigrés,
» d'avoir envoyé leurs enfans sur terre
» étrangère, de leur avoir fourni des
» armes, ou des chevaux, ou des mu-
» nitions, ou toutes autres provisions
» de guerre, ou des secours pécuniaires,
» *seront réputés complices desdits émigrés*
» *et punis*, etc. »

Du reste cette loi est *tyrannique*, en ce qu'elle donne à la peine qu'elle détermine, *l'effet rétroactif* au 9 mai 1792.

Que doit-on penser de la nouvelle Loi proposée par Echasseriaux, qui donne à la peine un *effet rétroactif illimité.*

3.º Il est de principe que *la Loi est la même pour tous soit qu'elle protége , soit qu'elle punisse.* La Convention a solemnellement reconnu et garanti ce principe ; et on lui propose de décréter que le même délit, (la complicité avec les émigrés) sera différemment jugé suivant la qualité des personnes qu'on trouvera à propos d'en accuser !

L'un des souteneurs de ce systême monstrueux , prétend que le grand intérêt qu'avaient les pères et mères *nobles* dans l'objet de l'émigration de leurs enfans doit les faire déclarer leurs complices , et qu'au contraire l'Assemblée doit décréter que les pères et mères *non nobles d'émigrés ne sont pas leurs complices.*

L'autre soutient , au contraire , que c'est précisément le défaut absolu d'intérêt des pères et mères *non nobles* dans l'émigration de leurs enfans qui doit suffire pour les convaincre de complicité.

Et c'est ainsi que , dans les accès de leur délire, aussi peu d'accord avec les principes de la raison , qu'avec ceux de la justice et de l'humanité , ces Cannibales se réunissent par les raisonnemens les plus contradictoires à un seul et même résultat de rage et de fureur ; savoir, qu'il faut immoler sans distinction, sans miséricorde, sans autre examen, sans autres preuves, les malheureux pères et mères qui ont des enfans émigrés.

4.° Il est de Principe que *tout acte exercé contre un homme hors des cas et sans les formes que la Loi a déterminées , est arbitraire et tyrannique.* (Déclaration des droits, art. II.) La Convention Nationale a reconnu et garanti ce principe ; elle l'a souvent consacré , soit en annullant des jugemens par le seul motif, qu'ils avaient statué sur des cas non prévus par la Loi, et sans les formes qu'elle a déterminées ;

soit en confirmant d'autres jugemens qui avaient acquitté des accusés de délits de cas non déterminés par la Loi.

Et on lui propose de décréter que reconnaissant elle-même *l'impossibilité* prétendue *de préciser*, c'est-à-dire *de déterminer les cas et les formes* d'après lesquelles *les pères et mères d'émigrés* doivent *être jugés* ; le soin en sera laissé *à la conscience*, c'est-à-dire, à l'arbitraire, au caprice, à la rage des personnes chargées de décider définitivement, *s'ils sont innocens ou coupables* !

5°. Enfin, il est de principe, que *nul ne doit être jugé et puni qu'en vertu d'une Loi promulguée antérieurement au délit. La Loi qui punirait des délits commis avant qu'elle existât, seroit une tyrannie. L'effet rétroactif donné à la Loi serait un crime.* (Décl. des droits art. XIV.)

La Convention Nationale a reconnu ce principe : elle l'a garanti, elle vient de le consacrer très-récemment par un Décret du 15 Vendémiaire dernier, qui, sur le rapport et la proposition du Comité de Législation annulle un jugement du Tribunal de la Vienne. Le motif, quant au fond, était pris de ce que *le délit*, qui avait donné lieu à la condamnation, *était antérieur à la Loi qui en a déterminé la peine.*

Et on lui propose froidement de décréter en principe et en thése, que cinquante mille pères et mères, sous prétexte de complicité avec leurs enfans émigrés, pour la plupart depuis trois ou quatre ans, seront condamnés à la peine de la confiscation, peine non encore *déterminée*, mais qui le sera, on ne sait trop quand, et à quelle époque, par une Loi non encore existante, et qui n'existera jamais.... non jamais ! Satellites barbares de Robespierre, dignes héritiers de sa rage, exécuteurs infâmes de ses projets sanguinaires, de son systême destructeur de tous les principes reçus ! Non : la Convention ne deviendra pas votre complice. Son Comité de Législation lui présentera votre projet infernal, sous les traits odieux de tous les genres de tyrannie que vous avez su y entasser. Projet abominable ! qui, s'il pouvait être adopté, porterait à la gloire de la représentation nationale, ainsi qu'à l'humanité. une atteinte mortelle ! à l'aspect hydeux de ce chef-d'œuvre de scélératesse et de *tyrannie*, la Convention reculera d'horreur ; elle flétrira du sceau de la réprobation, cet ouvrage de votre fureur, elle vous punira de l'homicide audace avec laquelle vous lui avez proposé d'organiser en Loi, de sanctionner *la tyrannie et le crime.*

HARBEY.

BIBLIOTHEQUE NATIONALE DE FRANCE

3 7531 00798821 6